VIRGINIA HORSTMANN

Frühstücks Glück

45 LECKERE GRÜNDE MORGENS AUFZUSTEHEN

Illustrationen von Julia Marquardt

Hölker Verlag

Vorwort
5

Bagels, Brot & Brötchen
6

Pfannkuchenträume
20

Sandwiches & Aufstriche
36

Das Gelbe vom Ei
52

Müsli, Obst & Joghurt
66

Süße Morgenbäckerei
82

Smoothies & Wachmacher
96

Register
110

Vorwort

Das Schönste am Wochenende ohne Termine und Zeitdruck? Ein ausgiebiges Frühstück mit allen Familienmitgliedern am Tisch. Bei dem man sich unterhält, lacht, sich lustige Brote schmiert und vielleicht auch mal ein Kakao umkippt – woraufhin sich die ganze Familie umziehen muss. Und das so lange dauert, dass man das Mittagessen direkt anschließen könnte, wäre man nicht so rundum satt und glücklich.

Ein so ausgiebiges Frühstück ist für mich Luxus pur und besser als jeder Wellnessurlaub. Es ist ganz anders als das schnelle Alltagsfrühstück, bei dem sich jeder kurz sein Brot schmiert und zur Tür hinausflitzt.

Die Idee, aus meinem Frühstücksglück ein Buch werden zu lassen, ging mir schon lange durch den Kopf. Für jeden sollte etwas dabei sein, für die mit dem süßen Zahn, für Frucht- und Müslifans und Stullenkünstler. Die Rezepte sollten von selbst gemachtem Knäckebrot, herzhaftem Laugenzopf und fluffigen Bagels bis hin zu Müsliriegelfreuden, Joghurt, Eierspeisen, Pfannkuchenvariationen und Aufstrichen reichen. Dieses Projekt hat mir vom ersten Moment an übergroße Freude (und immer etwas Leckeres in der Küche) bereitet und mir selbst viele neue Inspirationen für unseren Morgentisch geschenkt.

Ich wünsche viel Spaß beim Ausprobieren und Nachmachen, etliche schöne gemeinsame Momente mit Familie und Freunden am Frühstückstisch und einen „leckeren guten Morgen",

Virginia Horstmann

Bagels, Brot & Brötchen

Auf leckeres Brot möchte ich einfach nicht verzichten.
In alten Landbäckereien könnte ich Stunden verbringen
und den Duft von Hefe, Sauerteig, Mehl und Backofen
einatmen. Es ließen sich ganze Bibliotheken mit
Brotbüchern füllen – ich habe hier ein paar
einfache Rezepte niedergeschrieben,
die jeder zubereiten kann.

NEW YORK STYLE
Bagels
8

EINFACHES
Buttermilchbrot
10

Laugenzopf
MIT FLEUR DE SEL
13

Roggenknäcke
14

Toasties
17

Schokoladenwirbel-Brot
19

NEW YORK STYLE *Bagels*

Wer denkt, Bagels seien bloß Brötchen mit Loch, der irrt. Das Besondere hierbei ist das Natronwasser, in dem sich die Teigkringel vor dem Backen ein Bad genehmigen. Mohn ist dabei als Topping nur eine Variante, jedes Familienmitglied kann sich aus seinen Lieblings-samen wie Sesam, Kümmel und Co. seinen eigenen Bagel zusammenstellen. Dazu unschlag-bar als Aufstrich: cremiger Frischkäse.

ZUBEREITUNG *ca. 30 Minuten* ♥ **GEHEN** *ca. 1½ Stunden* ♥ **BACKEN** *ca. 25 Minuten*

FÜR 8–10 BAGELS (JE NACH GEWÜNSCHTER GRÖSSE)

500 g Mehl (Type 550)

2 EL Zucker

1 Prise Salz

1 Pck. Trockenhefe

300 ml lauwarmes Wasser

1 EL Natron

1 Eiweiß, verquirlt

AUSSERDEM:

Pflanzenöl zum Bepinseln

Mohnsamen (oder Sesamsamen, Leinsamen, Pistazien o. Ä.) zum Bestreuen

1. Mehl, Zucker und Salz in einer großen Schüssel mischen.

2. In einer anderen Schüssel die Hefe mit dem Wasser ver-quirlen und zur Mehlmischung geben. Alles mithilfe einer Küchenmaschine oder mit den Händen zu einem elastischen, geschmeidigen Teig verkneten. Den Teig in eine leicht geölte Schüssel geben, mit Frischhaltefolie abdecken und an einem warmen, zugfreien Ort ca. 1 Stunde gehen lassen, bis sich das Volumen verdoppelt hat.

3. Den Teig mit der Faust einboxen, erneut durchkneten und in 8–10 Stücke teilen. Diese zu Kugeln formen und auf zwei mit Backpapier belegten Blechen verteilen. Die Teigkugeln mit (leicht geölter) Frischhaltefolie abdecken und nochmals 30 Minuten gehen lassen.

4. Währenddessen Wasser in einem großen Topf aufkochen und das Natron zufügen. Die Teigkugeln nun in die typische Bagel-form bringen. Dazu mit einem Holzlöffelstiel ein Loch in die Mitte drücken und leicht mit den Fingern weiten. Die Bagels dann nach und nach 1–2 Minuten ins kochende Wasser geben, dabei einmal wenden.

5. Den Ofen auf 180 °C Ober- und Unterhitze vorheizen.

6. Die Bagels mit einem Schöpflöffel aus dem Wasser holen, gut trocken tupfen und auf die Backbleche setzen. Mit dem verquirlten Eiweiß bestreichen und mit Mohnsamen (oder nach Gusto) bestreuen. Ca. 25 Minuten im heißen Ofen backen.

EINFACHES *Buttermilchbrot*

Für dieses Brotkunstwerk sind weder langes Kneten noch langes Gehen und auch kein Ansetzen von Sauerteig vonnöten – es steht in 40 Minuten duftend warm auf dem Tisch. So kann es also morgens schnell im Pyjama zubereitet werden und backt dann vor sich hin, während der Rest der Familie langsam und sanft durch den leckeren Brotduft geweckt wird.

ZUBEREITUNG *ca. 15 Minuten* ♥ **BACKEN** *ca. 30 Minuten*

FÜR 1 BROT

200 g Weizenmehl, plus etwas extra

200 g Weizenvollkornmehl

½ TL Salz

½ TL Natron

300 ml Buttermilch

1. Den Ofen auf 200 °C Ober- und Unterhitze vorheizen. Ein Backblech mit Backpapier auslegen.

2. Alle Zutaten in eine Schüssel geben und mit den Knethaken des Handrührgeräts oder der Küchenmaschine verkneten, bis sich der Teig vom Schüsselrand löst und zu einer glatten Kugel formen lässt. Sollte der Teig zu klebrig sein, einfach noch etwas mehr Mehl mit einkneten.

3. Die Teigkugel auf das vorbereitete Blech geben, nur ganz leicht flach drücken und mithilfe eines scharfen Messers kreuzförmig einritzen. Etwas Mehl darüberstäuben und das Buttermilchbrot ca. 30 Minuten im heißen Ofen backen. Das Brot sollte fertig gebacken hohl klingen, wenn man leise anklopft.

TIPP: WER MAG, MISCHT VOR DEM BACKEN 2 ESSLÖFFEL SONNENBLUMEN- ODER ANDERE KERNE, getrocknete Kräuter oder Rosinen und Cranberrys unter den Teig!

Laugenzopf MIT FLEUR DE SEL

Griaß di God und Moin, Moin! Als ich dieses Laugengebäck in Zopfform zum ersten Mal kredenzte, erntete ich eine spontane Dauerumarmung meines kleinen Sohnes. Der Beweis dafür, dass auch Norddeutsche in Laugenspezialitäten verliebt sein können. Dazu passen neben Butter, Radieschen oder Senf auch klassisch Obazda oder Kräuterquark.

ZUBEREITUNG *ca. 30 Minuten* ♥ **GEHEN** *1–1½ Stunden* ♥ **BACKEN** *30 Minuten*

1. Warmes Wasser, Zucker und Salz in einer Schüssel mischen. Die Hefe zugeben und einige Minuten stehen lassen.

2. Mehl und Butter zufügen und alles so lange zu einem geschmeidigen Teig verkneten, bis er sich vom Schüsselrand löst. Er darf noch etwas klebrig sein, aber nicht zu sehr. Eventuell 1–2 weitere Esslöffel Mehl zufügen und erneut verkneten.

3. Den Teig in eine leicht geölte Schale geben, mit Frischhaltefolie abdecken und an einem warmen, zugfreien Ort 1–1½ Stunden gehen lassen, bis sich das Volumen verdoppelt hat.

4. Den Teig kurz einboxen. Dann halbieren und jede Hälfte dritteln. Je drei Teigstücke zu ca. 30 cm langen Rollen formen und miteinander verflechten. Die beiden so entstandenen Zöpfe auf ein Backblech mit leicht geöltem Backpapier geben.

5. Unterdessen den Ofen auf 210 °C Ober- und Unterhitze vorheizen.

6. 2,5 l Wasser in einer großen Kasserolle mit Natron mischen und zum Kochen bringen. Der Topf muss mindestens so groß sein wie die Zöpfe und hoch genug, dass das Wasser nicht überschwappt.

7. Die Zöpfe nun nacheinander für 30 Sekunden vorsichtig in das Natronwasser geben, mit einem großen Schöpflöffel wieder herausheben, leicht abtropfen lassen und zurück auf das Backblech setzen. Die Zöpfe mit dem verquirlten Ei bestreichen, mit Fleur de Sel bestreuen und 20 Minuten im heißen Ofen backen. Die Temperatur auf 190 °C reduzieren und die Laugenzöpfe in weiteren 10 Minuten fertig backen.

FÜR 2 LAUGENZÖPFE

350 ml warmes Wasser (ca. 45 °C)

1 EL Zucker

2 TL Salz

1 Pck. Trockenhefe

550 g Mehl, plus ggf. etwas extra

60 g Butter, geschmolzen und leicht abgekühlt

200 g Natron

1 Eigelb, verquirlt mit etwas Wasser

AUSSERDEM:

Pflanzenöl zum Bepinseln

Fleur de Sel zum Bestreuen

Roggenknäcke

Wie man sieht: Mein Herz für Schweden und seine Genüsse macht auch vor dem morgendlichen Brotkorb nicht halt. Es vergeht kein Schwedenurlaub ohne ordentliche Smörrebröd-Mitbringsel. Wenn die Vorräte erschöpft sind, greife ich selber zu Mehl und Hefe und verfrühstücke das leckere Knäckebrot am allerliebsten mit Schmand und Lachs.

ZUBEREITUNG *ca. 15 Minuten* ♥ **GEHEN** *ca. 30 Minuten* ♥ **BACKEN** *ca. 15 Minuten*

FÜR 8 SCHEIBEN

150 g Vollkornweizenmehl

150 g Roggenmehl (Type 1150), plus ggf. etwas extra

5 g Trockenhefe

250 ml lauwarmes Wasser

1 TL Salz

Samen nach Belieben
(z. B. Sesam, Kümmel, Mohn, Leinsamen o. Ä.)

AUSSERDEM:

Mehl für die Arbeitsfläche

1. Vollkorn- und Roggenmehl mischen. 1 Esslöffel von der Mehlmischung entnehmen und mit der Hefe vermengen.

2. Das Wasser in eine große Schüssel füllen. Nun zunächst die Hefemischung zufügen und mit den Knethaken einer Küchenmaschine einrühren, dann langsam das restliche Mehl sowie Salz zugeben und unterkneten.

3. Den Teig auf der leicht bemehlten Arbeitsfläche weiterkneten, bis er elastisch ist. Sollte er zu klebrig sein, esslöffelweise Mehl zugeben, bis er sich zu einer Kugel formen lässt. Die Teigkugel in eine Schüssel geben und gut abgedeckt für 30 Minuten an einem warmen Ort gehen lassen.

4. Den Ofen auf 200 °C Ober- und Unterhitze vorheizen, ein Backblech mit Backpapier auslegen.

5. Den Teig achteln und jeweils zwei Teigstücke auf einmal bearbeiten, die anderen abgedeckt in der Schüssel belassen.

6. Die Teigstücke am besten direkt auf dem Backpapier sehr dünn kreisrund ausrollen, mit vielen kleinen Gabelpiksern versehen und nach Belieben mit Samen bestreuen. Diese gut in den Teig drücken, damit sie auch hübsch einbacken.

7. Das Knäckebrot ca. 15 Minuten im heißen Ofen backen. Mit den restlichen Teigstücken ebenso verfahren.

8. Das Knäckebrot gut verschlossen, trocken und lichtgeschützt aufbewahren.

Toasties

Oh, wie ich diese kleinen Toastbrötchen schon als Kind geliebt habe. Zwischen die gerösteten, warmen Hälften habe ich immer eine Scheibe Käse und Mortadella gesteckt. Manche Dinge ändern sich nie und einige vererben sich sogar weiter. Meine Familie hat ihre Toasties-Vorliebe eindeutig von mir in die Wiege gelegt bekommen. Oder eben aus der Pfanne in den Brotkorb.

ZUBEREITUNG *ca. 30 Minuten* ♥ **GEHEN** *1½ Stunden* ♥ **BACKEN** *12–16 Minuten*

1. Die Trockenhefe in einer großen Schüssel im lauwarmen Wasser auflösen und kurz stehen lassen.

2. Milch, Zucker, Salz und Butter in einem Topf auf ca. 45 °C erwärmen, bis die Butter geschmolzen ist.

3. Die warme Milchmixtur mit dem Hefewasser und 450 g Mehl ca. 3 Minuten verkneten. Nach und nach so viel vom restlichen Mehl zufügen, bis der Teig elastisch ist, nicht mehr klebt und sich leicht vom Schüsselrand lösen lässt.

4. Den Teig zu einer Kugel formen, in eine Schale legen und mit Frischhaltefolie abgedeckt ca. 1 Stunde an einem warmen, zugfreien Ort gehen lassen.

5. Währenddessen auf der Arbeitsfläche großzügig Maismehl bzw. Polenta verteilen und zwei Backbleche mit Backpapier (auf keinen Fall gefettet) bereitstellen.

6. Den Teig einmal einboxen, dann ca. 1½ cm dick ausrollen. Mithilfe eines runden Ausstechers (Ø ca. 8 cm) oder Glases 12–14 Toasties ausstechen und auf die Backbleche legen.

7. Erneut abdecken und an einem warmen Ort 30 Minuten gehen lassen.

8. Die Toasties bei mittlerer Hitze in einer beschichteten Pfanne von jeder Seite 6–8 Minuten backen, dann abkühlen lassen.

9. Die Toasties halbieren, toasten und mit Lieblingsmarmelade genießen. Sie halten sich in einem luftdicht verschlossenen Behälter 2 Tage.

FÜR 12–14 TOASTIES

1 Pck. Trockenhefe

250 ml lauwarmes Wasser

250 ml Milch

2 EL Zucker

1 TL Salz

45 g Butter

600–700 g Mehl

AUSSERDEM:

Etwas Maismehl oder Polenta zum Ausrollen des Teiges

Schokoladenwirbel-Brot

Vielleicht sollte man nicht zu lange auf das angeschnittene Brot schauen, um Schwindel und Hypnosezustände zu vermeiden. Ein Grund mehr, es sehr, sehr schnell einfach aufzuessen – pura natura oder mit Butter. Die Männer in der Familie bevorzugen die Erdnussbuttervariante (s. Rezept auf S. 47).

ZUBEREITUNG *ca. 30 Minuten* ♥ **GEHEN** *1½ Stunden* ♥ **BACKEN** *ca. 40 Minuten*

1. Zucker und Salz in einer großen Schüssel mischen. Milch und Butter auf dem Herd bei niedriger Temperatur kurz erwärmen, bis die Butter geschmolzen ist, dabei umrühren. Die warme Milch mit der Zuckermischung vermengen.

2. Wasser und Trockenhefe zugeben und unterrühren. Dann 315 g Mehl zufügen und alles gut verkneten. Nach und nach nur so viel vom restlichen Mehl unterkneten, bis der Teig nicht mehr zu klebrig ist, sich vom Schüsselrand löst und zu einer Kugel formen lässt. Weitere 5 Minuten auf der bemehlten Arbeitsfläche kneten.

3. Den Teig in eine leicht geölte Schüssel geben und die Teigoberfläche ebenfalls mit etwas Öl bepinseln. Mit Frischhaltefolie abdecken und an einem warmen, zugfreien Ort ca. 1 Stunde gehen lassen, bis sich das Teigvolumen verdoppelt hat.

4. Anschließend den Teig auf die bemehlte Arbeitsfläche geben, kurz mit der Faust einboxen und ca. 1 Minute kneten. Den Teig zu einem großen Rechteck ausrollen, die geraspelte Schokolade gleichmäßig darauf verteilen. Zuletzt das Fleur de Sel nach Gusto darüberstreuen. Den Teig von der kurzen Seite her eng aufrollen, dann in eine mit Backpapier ausgelegte Kastenform (ca. 22 x 9 cm) legen, erneut abdecken und 30 Minuten gehen lassen.

5. Währenddessen den Ofen auf 190 °C Ober- und Unterhitze vorheizen.

6. Das Brot mit dem verquirlten Eigelb bestreichen und ca. 40 Minuten im heißen Ofen backen. Das Brot sollte anschließend hohl klingen, wenn man daraufklopft. Vielleicht antwortet es sogar: „Iss mich. Sofort!"

FÜR 1 BROT

2 EL Zucker

½ TL Salz

125 ml Milch

1 EL Butter

175 ml lauwarmes Wasser

1 Pck. Trockenhefe

Ca. 450 g Mehl

100 g Zartbitterschokolade, fein geraspelt

½–1 TL Fleur de Sel

1 Eigelb, verquirlt mit 1 TL Wasser

AUSSERDEM:

Mehl für die Arbeitsfläche

Pflanzenöl zum Bepinseln

Pfannkuchenträume

Während sich viele zum Geburtstag ihre Lieblingstorte wünschen, um ihre Kerzen auf hochherrschaftlichen Kuchenschönheiten auszupusten, freue ich mich am Geburtstagsmorgen auf Ehrentags-Pancakes satt. Crêpes oder Pfannkuchenapfelringe sind bei uns ebenfalls sehr beliebt – und das auch bei Nicht-Geburtstagskindern. Aber eines wird für mich immer ein Rätsel bleiben: Wieso wird der allerletzte Pfannkuchen immer der allerbeste?

Ofenpfannkuchen
MIT ORANGENZUCKER
22

Polenta-Pfannküchlein
MIT ERDBEERHERZ
25

Apfelringe im Buttermilch-Pfannkuchenteig
26

Bread & Butter Pudding
MIT MANDELN
28

Zimtschnecken-Pancakes
31

Himbeer-Crêpes
33

Kokos-Kaiserschmarrn
MIT PEKANNÜSSEN
34

Ofenpfannkuchen
MIT ORANGENZUCKER

Egal wie man dieses Morgenwunder aus dem Backofen nennt: Dutch Baby oder Puffed Pancake, es ist ein Küchenschauspiel und ganz großes Ofenkino. Langsam erhebt sich der Pfannkuchen wie ein Wolkenkratzer in die Höhe und formt eine Mulde, dann sackt er wieder etwas zusammen und zum Schluss ein Happy End: Alle machen sich gabelbewaffnet darüber her und sitzen mit glücklichen Gesichtern am Frühstückstisch.

ZUBEREITUNG ca. 15 Minuten ♥ **BACKEN** ca. 15 Minuten

FÜR 1 PFANNKUCHEN

Abrieb von 1 Bio-Orange

1 EL Zucker

2 zimmerwarme Eier (Größe M)

125 ml Milch

60 g Mehl

1 Prise Salz

¼ TL Zimt

1 TL Butter

AUSSERDEM:

Ahornsirup oder frische Beeren zum Servieren

1. Den Backofen auf 220 °C Ober- und Unterhitze vorheizen.

2. Orangenabrieb und Zucker in einem Mörser oder mit den Fingern zu Orangenzucker verreiben, dann beiseitestellen.

3. Eier, Milch, Mehl, Salz und Zimt in einer Schüssel zu einem glatten, flüssigen Teig verrühren.

4. Butter in eine ofenfeste Pfanne (Ø ca. 20 cm) geben und diese kurz in den Ofen stellen, bis die Butter geschmolzen ist.

5. Den Teig einfüllen und ca. 15 Minuten im heißen Ofen backen.

6. Den Pfannkuchen aus dem Ofen holen und nicht enttäuscht sein, wenn er nach dem Aufbäumen wieder in sich zusammensinkt. Mit Orangenzucker bestreuen und mit Ahornsirup beträufelt oder mit frischen Beeren garniert servieren.

Polenta-Pfannküchlein
MIT ERDBEERHERZ

Dass Polenta eine feine Beilage zu herzhaften Mittagsgerichten ist und besonders im Italienurlaub für Genussfreuden sorgt, ist allgemein bekannt. Dass dieser Maisgrieß aber auch ganz hervorragend für kleine Pfannkuchen verwendet werden kann, zeigen diese Erdbeerküchlein.

ZUBEREITUNG *ca. 15 Minuten* ♥ **BACKEN** *je ca. 4 Minuten*

1. Polenta, Backpulver, Zucker, Salz und Zimt in einer Schüssel mischen.

2. Das Ei mit der Milch verquirlen und zur Polentamischung geben. Kurz mit einem Kochlöffel verschlagen, bis alles gut vermengt ist. Das Mehl zugeben und ebenso unterrühren. Ist der Teig zu flüssig, 1–2 weitere Esslöffel Mehl zufügen.

3. Eine beschichtete Pfanne mit etwas Öl ausstreichen und bei mittlerer Temperatur erhitzen.

4. Den Teig esslöffelweise (oder ca. ½ Eisportionierer voll) in die Pfanne geben und in der Mitte eine Erdbeerscheibe platzieren. Sobald der Teig am Rand und an der Oberseite Blasen wirft, vorsichtig wenden und kurz auf der Erdbeerseite anbraten, bis der Pfannkuchen fertig gegart ist.

5. Mit dem restlichen Teig ebenso verfahren, bis er gänzlich aufgebraucht ist. Dazwischen eventuell immer mal wieder die Pfanne auswischen, falls sich Erdbeerreste darin befinden, und neu einölen.

6. Mit Puderzucker oder geschlagener Sahne garnieren und am besten sofort genießen.

FÜR CA. 12 KLEINE POLENTA-KÜCHLEIN

100 g Polenta (mittelfein gemahlen, nicht feines Maismehl!)

1 TL Backpulver

2 TL Zucker

1 Prise Salz

1 große Prise Zimt

1 Ei (Größe M)

150 ml Milch

50 g Mehl, plus ggf. 1–2 EL extra

12 frisch geschnittene Erdbeerscheiben

AUSSERDEM:

Pflanzenöl zum Ausbacken

Puderzucker oder geschlagene Sahne zum Servieren

Apfelringe IM BUTTERMILCH-PFANNKUCHENTEIG

Morgens im Bademantel in die Küche tapsen und Apfelscheiben in Schlafröcke hüllen: ein Spezialgebiet meines Mannes. Und das schon seit dem Studium, als man Frühstück am Wochenende ja gerne mal zur Mittagszeit einnahm und das schöne Leben genoss.

ZUBEREITUNG ca. 30 Minuten ♥ **BACKEN** je ca. 6 Minuten

FÜR CA. 18 APFELRINGE

180 g Mehl

1 TL Backpulver

3 EL Zucker

1 EL Zimt (je nach Geschmack mehr oder weniger)

½ TL Salz

250 ml Buttermilch

30 g Butter, geschmolzen

2 Eier (Größe M)

6 kleine Äpfel

AUSSERDEM:

Butter zum Ausbacken

Puderzucker, Ahornsirup oder Walnusseis zum Servieren

1. Mehl, Backpulver, Zucker, Zimt und Salz in einer Schüssel mischen und beiseitestellen.

2. Buttermilch, Butter und Eier in einer anderen Schüssel verquirlen, dann die Mehlmischung zufügen und mit einem Schneebesen unterrühren. Nicht zu stark rühren, nur so lange, bis der Teig vermengt ist.

3. Die Äpfel waschen, trocken tupfen oder nach Belieben schälen und in ca. 1 cm dicke Scheiben schneiden. Die Kerngehäuse mit einem runden Ausstecher oder Messer entfernen.

4. Eine Pfanne erhitzen und mit einem Stück Butter ausstreichen. Die Apfelringe zunächst gründlich im Teig wälzen, leicht abtropfen lassen und dann portionsweise in der Pfanne goldbraun ausbacken. Dabei einmal vorsichtig wenden, wenn kleine Blasen an der Oberfläche zu sehen sind. So weiterverfahren, bis alle Apfelringe ausgebacken sind. Dabei darauf achten, dass auch die Seiten gegart sind. Die Apfelringe daher gerne anheben, um für eine Rundum-Garung zu sorgen.

5. Die Apfelringe wahlweise mit Puderzucker, Ahornsirup oder Walnusseis servieren.

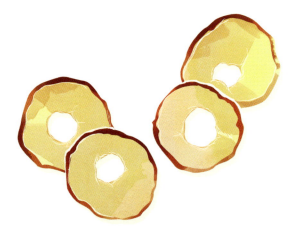

Bread & Butter Pudding

MIT MANDELN

Heißt zwar Pudding, ist aber eher ein Brotauflauf nach Arme-Ritter-Art aus dem Ofen und Soulfood par excellence! Solange die Auflaufform noch auf dem Frühstückstisch steht, kann man einfach nicht aufhören, mit dem großen Löffel hineinzutauchen, um die warme Marmelade und süßen Briochescheiben zu genießen.

ZUBEREITUNG *ca. 20 Minuten* ♥ **ZIEHEN** *20 Minuten* ♥ **BACKEN** *ca. 50 Minuten*

FÜR 4 PORTIONEN

3 Eier (Größe M)

2 EL Zucker

125 ml Sahne

500 ml Vollmilch

400 g Brioche (alternativ Hefezopf oder ähnliches süßes Weißbrot)

Ca. 3 EL weiche Butter

Ca. 5 EL Lieblingsmarmelade

4 EL gehobelte Mandeln

AUSSERDEM:

Butter für die Form

Puderzucker zum Bestäuben

1. Eine Auflaufform (ca. 28 x 20 cm) großzügig buttern.

2. Eier und Zucker in einer Schüssel mischen. Sahne und Milch zugeben und alles gut miteinander verquirlen.

3. Brioche in Scheiben schneiden und von einer Seite mit Butter und Marmelade bestreichen. Die Scheiben wie Dachziegel mit der bestrichenen Seite nach oben in die Auflaufform schichten.

4. Die Eiermischung darübergießen und den Auflauf ca. 20 Minuten ziehen lassen. Währenddessen den Ofen auf 175 °C Ober- und Unterhitze vorheizen.

5. Den Bread & Butter Pudding mit Mandeln bestreuen und ca. 50 Minuten im heißen Ofen backen.

6. Vor dem (warmen oder kalten) Servieren mit Puderzucker bestäuben.

ZIMTSCHNECKEN *Pancakes*

Ja, ich kann nicht anders, ich muss viele süße Dinge des Lebens früher oder später auch mit Zimt (und Zucker) ausprobieren. So wie diese Pancakes, die eigentlich gerne Zimtschnecken wären und die Küche in einen wunderbaren Duft hüllen.

ZUBEREITUNG *ca. 20 Minuten* ♥ **BACKEN** *je ca. 5 Minuten*

1. Für die Füllung alle Zutaten in einer kleinen Schüssel mischen. In einen Gefrierbeutel füllen und kalt stellen.

2. Für den Teig beide Mehlsorten, Backpulver, Salz und Zucker vermengen.

3. Buttermilch und Eier in einer Schüssel verrühren. Die Mehlmischung zugeben und alles gut mit einem Holzlöffel vermengen, dabei nicht zu lange rühren.

4. Eine beschichtete Pfanne mit etwas Öl ausstreichen. Bei mittlerer bis hoher Temperatur auf dem Herd erhitzen und je 3 Esslöffel Teig zu einem Pancake ausbacken.

5. Die Zimtfüllung aus dem Kühlschrank nehmen und eine kleine Ecke des Gefrierbeutels abschneiden. Nach 1–2 Minuten Backzeit die Zimtfüllung, in der Mitte des Pancakes startend, spiralförmig daraufspritzen. Dabei sorgsam versuchen, nicht den Rand des Pfannkuchens zu erwischen, weil die Zimtfüllung sonst in alle Himmelsrichtungen in der Pfanne verläuft. Kurz warten, bis der Pfannkuchen Blasen wirft und auf der Unterseite gegart ist, dann wenden und auf der zweiten Seite fertig backen.

6. So fortfahren, bis der gesamte Teig aufgebraucht ist. Die Pfanne eventuell zwischendurch auswischen und neu einölen.

FÜR CA. 10 PANCAKES

FÜR DIE FÜLLUNG:

50 g zimmerwarme Butter

50 g brauner Zucker

1 TL Zimt

FÜR DEN TEIG:

150 g Weizenmehl

75 g Weizenvollkornmehl

2 TL Backpulver

1 Prise Salz

2 EL Zucker

250 ml Buttermilch

2 Eier (Größe L)

AUSSERDEM:

Pflanzenöl zum Ausbacken

Himbeer-Crêpes

Kein Besuch des Bremer „Freimaaarktes" (mit fünf bis acht „a") vergeht ohne Crêpes. Seit ich stolze Besitzerin einer eigenen Crêpespfanne bin (das Rezept funktioniert aber auch mit einer normalen Pfanne), probieren wir uns an diversen Variationen dieser dünnen Köstlichkeiten zu Hause aus. Oh là là, frühstücken wie in Frankreich und hier einmal in Himbeer-Pink.

ZUBEREITUNG *ca. 20 Minuten* ♥ **RUHEN** *ca. 45 Minuten* ♥ **BACKEN** *je ca. 1½ Minuten*

1. Milch und Himbeeren in einem Mixer pürieren. Die Himbeer-milch dann durch ein feines Sieb gießen, um die Kerne zu entfernen.

2. Eier, Salz und Zucker in einer Schüssel verrühren. Abwechselnd Himbeermilch und Mehl zugeben und alles zu einem ge-schmeidigen Teig verarbeiten.

3. Den Teig ca. 45 Minuten ruhen lassen.

4. In einer beschichteten kleinen Pfanne etwas Öl erhitzen und bei mittlerer bis hoher Temperatur pro Crêpe ca. 3 Esslöffel Teig in die Pfannenmitte geben. Diesen dann rasch ganz dünn verstreichen und den Crêpe 1 Minute backen. Vorsichtig wenden und ½ Minute weiterbacken. So fortfahren, bis der gesamte Teig aufgebraucht ist.

5. Mit geschlagener Sahne, Himbeerkonfitüre, Puderzucker oder frischen Himbeeren servieren.

FÜR CA. 14 CRÊPES

350 ml Milch

125 g frische, reife Himbeeren

6 zimmerwarme Eier (Größe M)

1 Prise Salz

2 EL Zucker

190 g Mehl

AUSSERDEM:

Pflanzenöl zum Ausbacken

Geschlagene Sahne, Himbeer-konfitüre, Puderzucker oder frische Himbeeren zum Servieren

Kokos-Kaiserschmarrn
MIT PEKANNÜSSEN

Warum ich Wandern in Südtirol so liebe? Die Aussicht auf Berge und noch mehr die Aussicht auf Kaiserschmarrn in einer der vielen Schankbetriebe machen mir Beine. Dafür kraxel ich auch gern mal über Stock und Stein.

ZUBEREITUNG ca. 10 Minuten ♥ **BACKEN** ca. 10 Minuten

FÜR CA. 4 PORTIONEN

4 Eier (Größe M), getrennt

100 g Zucker

1 Prise Salz

120 g Mehl

50 ml Milch

75 ml Kokosmilch

1 Handvoll Kokosraspeln

1 Handvoll Pekannüsse, gehackt

60 g Butter

AUSSERDEM:

Puderzucker zum Bestäuben

1. Den Ofen auf 170 °C Umluft vorheizen.

2. Die Eiweiße steif schlagen. Dabei 50 g Zucker und das Salz langsam einrieseln lassen. Die Eigelbe mit Mehl, Milch und Kokosmilch glatt rühren, bis keine Mehlklümpchen mehr zu sehen sind.

3. Die Hälfte des geschlagenen Eiweißes unter den Teig rühren. Die zweite Hälfte mit den Kokosraspeln und Pekannüssen vorsichtig unterheben.

4. Zwei ofenfeste Pfannen erhitzen und darin jeweils 30 g Butter zerlassen. Den Teig auf die beiden Pfannen verteilen und ca. 10 Minuten im heißen Ofen stocken lassen.

5. Die Pfannen vorsichtig aus dem Ofen holen und die beiden Schmarrn mithilfe eines Tellers in der Pfanne wenden.

6. Die Schmarrn bei mittlerer Hitze kurz von der anderen Seite anbraten und dann mit zwei Gabeln in Stücke zerpflücken. Restlichen Zucker darüberstreuen und kurz karamellisieren lassen.

7. Den Mehlspeisentraum in eine große Schüssel füllen, nicht sparsam mit Puderzucker bestäuben und sofort servieren.

Erdnussbutter und Schokoerdnusscreme

Am liebsten kombiniere ich Erdnussbutter und Schokocreme. Diese heiß geliebte Snickersstulle ist mein kleines Zweitfrühstücksgeheimnis – gerade wenn der Tag anstrengend wird. Was man unbedingt benötigt: eine leistungsfähige Küchenmaschine, die nicht müde oder hitzig wird, wenn man sie so lange Karussell fahren lässt, bis aus Nüssen streichfähige Traumcreme wird.

ZUBEREITUNG ca. 30 Minuten ♥ **RÖSTEN** ca. 6 Minuten ♥ **MIXEN** ca. 15 Minuten

1. Den Ofen auf 175 °C Ober- und Unterhitze vorheizen.

2. Die Erdnüsse auf einem Backblech mit Backpapier verteilen und im heißen Ofen 3 Minuten rösten. Dann einmal durchrütteln und weitere 3 Minuten rösten. Dieser Schritt ist auch bei bereits gerösteten Erdnüssen hilfreich, da durch die Hitze die Öle schneller freigesetzt werden.

3. Die Nüsse in eine Küchenmaschine mit Mahleinsatz füllen und bei hoher Geschwindigkeit sehr lange bearbeiten. Dabei ist es zwischendurch immer wieder erforderlich, die Nüsse vom Schüsselrand zu entfernen. Der Vorgang kann je nach Fettgehalt der Nüsse bis zu 15 Minuten dauern. Die Erdnüsse werden erst pulverig aussehen, dann irgendwann teigig, und wenn man weitere ca. 5 Minuten Geduld aufbringt, geschieht das Wunder und die Nüsse geben von jetzt auf gleich ihr Nussöl frei. Es entsteht eine streichfähige, geschmeidige Nussbutter. Dann den Honig zufügen und ggf. 1 Teelöffel Öl.

4. In gut verschlossenen Einmachgläschen ist die Erdnussbutter ca. 1 Woche im Kühlschrank haltbar.

FÜR DIE SCHOKOERDNUSSCREME:

1. Schritte 1–3 wie oben beschrieben durchführen.

2. Sind die Erdnüsse geschmeidig und cremig, Kakaopulver, Puderzucker und Öl zugeben und die Masse weiter bearbeiten, bis eine leckere, streichfähige Schokocreme entstanden ist.

FÜR CA. 300 BZW. 500 G

FÜR DIE ERDNUSSBUTTER:

300 g ungesalzene, geschälte Erdnüsse

1½ TL Honig

Ggf. 1 TL Sonnenblumenöl

FÜR DIE SCHOKOERDNUSSCREME:

1 Rezept Erdnussbutter (s. o.)

50 g Kakaopulver

175 g Puderzucker

3 EL Sonnenblumenöl

AUSSERDEM:

Leistungsstarke Küchenmaschine

Sterilisierte Einmachgläschen

STULLE MIT *Rote-Bete-Creme*

Lange Zeit war die Rote Bete für mich ein rotes Tuch, bis ich bei einer Bruncheinladung von kleinen Frischkäsebrötchen mit diesem Wintergemüse gekostet habe. Seitdem bin ich neugierig auf immer neue Rote-Bete-Rezepte. Wer Familie und Freunde ebenfalls bekehren möchte, könnte es also getrost auch mit diesem roten Streichglück versuchen.

ZUBEREITUNG *ca. 15 Minuten*

1. Rote Bete grob zerkleinern und mit Frischkäse, Ziegenfrischkäse und Balsamico in eine Schüssel geben. So lange pürieren, bis eine homogene Creme entstanden ist. Mit Salz und Pfeffer würzen.

2. Das Brot in Scheiben schneiden und mit der Creme bestreichen. Die Stullen dann mit dem restlichen Ziegenfrischkäse, Pistazien, Fleur de Sel und Kresse bestreuen.

3. Eventuell übrig gebliebene Rote-Bete-Creme kann einige Tage im Kühlschrank aufbewahrt werden.

TIPP: DIE CREME SCHMECKT AUCH SEHR GUT mit Fetakäse und gehackten Walnüssen als Topping.

FÜR CA. 500 G CREME

250 g vorgekochte Rote Bete, gut abgetropft

150 g Frischkäse (Doppelrahmstufe)

75 g Ziegenfrischkäse, plus ca. 25 g extra

1 EL Balsamicoessig

Salz

Pfeffer

AUSSERDEM:

Frisches Landbrot nach Belieben, in Scheiben

1 Handvoll Pistazien, geschält und gehackt

Fleur de Sel

Rettichkresse (oder normale Gartenkresse) nach Belieben

Erdbeer-Kiwi-Marmelade
MIT VANILLE

Mit Marmeladenrezepten könnte man ganze Bücher füllen, aber dieses hier wollte ich unbedingt aufgeschrieben wissen, denn es ist die Familienlieblingskonsenskonfitüre. Erdbeeren und Kiwi sind mein neues Traumpaar am Aufstrich-Himmel und in Gläser gefüllte Sommerträumchen. Let's jam!

ZUBEREITUNG *ca. 20 Minuten* ♥ **KOCHEN** *6–8 Minuten*

1. Erdbeeren waschen, trocken tupfen, entkelchen und würfeln. Kiwis schälen und das Fruchtfleisch ebenfalls klein würfeln. Die Vanilleschote aufschlitzen und das Mark herauskratzen.

2. Zucker, Erdbeeren, Kiwis und Vanillemark in einem Kochtopf mischen, kurz Saft ziehen lassen und dann umrühren.

3. Den Topf bei hoher Temperatur auf den Herd stellen, die Früchte unter Rühren zum Kochen bringen und 6–8 Minuten köcheln lassen, bis sie schön geliert sind. Wer sichergehen will, macht kurz den Geliertest: Hierfür die Marmelade auf einen sehr kalten Teller geben und den Teller leicht neigen. Fließt die Fruchtmasse nicht über den ganzen Teller, sondern ist gallertartig, ist sie fertig gekocht.

4. Die Marmelade dann schnell in Schraubverschlussgläser füllen und im Kühlschrank aufbewahren.

FÜR CA. 800 G MARMELADE

300 g reife Erdbeeren

200 g reife Kiwis

1 Vanilleschote

500 g Gelierzucker 1:1

AUSSERDEM:

Sterilisierte Gläser mit Schraubverschluss

Das Gelbe vom Ei

Was war zuerst da? Das Huhn oder das Ei? Während sich die Wissenschaft darüber streitet, zählt bei uns zu Hause nur: Wer am Sonntagmorgen zuerst aufsteht, darf sich das Eiergericht seiner Wahl aussuchen.

Gebackene Eier
IN AVOCADO
55

Frankfurter-Kräuter-Omelette
MIT SCHNITTLAUCH-QUARK
57

Croissants mit gekochten Eiern und Ofenspargel
58

Süßkartoffel-Frittata
MIT ERBSEN UND HÜTTENKÄSE
60

Frühstückstarte
MIT SPINAT, SPECK UND EIERN
63

Herz-Spiegelei
IN TOAST
64

Gebackene Eier IN AVOCADO

Avocados gelten ja als Nährstoff-Kraftpakete, so pickepackevoll sind sie mit Vitaminen. Und wer sie pur nicht schmackhaft genug findet, dem gefällt vielleicht die Idee, sie mit einem Frühstücksei zu füllen. Dazu gibt es knusprigen Speck aus dem Ofen und Toast.

ZUBEREITUNG *ca. 15 Minuten* ♥ **BACKEN** *30–40 Minuten (insgesamt)*

1. Die Speckscheiben nebeneinander auf ein Backblech mit Alufolie legen und in den kalten Ofen schieben. Den Ofen sodann auf 190 °C Ober- und Unterhitze heizen und den Speck in 15–20 Minuten knusprig braten. Den Ofen angeschaltet lassen.

2. Währenddessen die Avocados halbieren und entsteinen. Die Steinlöcher ggf. mithilfe eines Esslöffels noch etwas weiter aushöhlen, damit ein Ei hineinpasst. Die Avocadohälften auf ein mit Backpapier ausgelegtes Backblech legen. Sollten sie nicht gerade stehen, einfach etwas von der Unterseite abschneiden, um sie zu stabilisieren.

3. Die Eier nacheinander zuerst in ein kleines Glas schlagen (dabei aufpassen, dass die Eigelbe ganz bleiben) und dann in die Avocadomitte gleiten lassen. Mit Chilisalz und Pfeffer bestreuen und 15–20 Minuten bis zum gewünschten Ei-Gargrad im heißen Ofen backen.

4. Mit Petersilie bestreuen und mit Speck und Toastbrot servieren.

FÜR 4 PERSONEN

8 Scheiben Frühstücksspeck

2 reife Avocados

4 Eier (Größe M) oder Wachteleier (wenn die Avocados sehr klein sind)

Chilisalz (alternativ normales Salz)

Pfeffer

AUSSERDEM:

1 Handvoll glatte Petersilie

4 Scheiben Toastbrot, getoastet

TIPP: DIE AVOCADOS VOR DEM BACKEN noch mit etwas Fetakäse oder gehackter Chilischote bestreuen.

Frankfurter-Kräuter-Omelette MIT SCHNITT-LAUCH-QUARK

Der Franzose unter unseren Frühstücksglück-Eiergerichten ist so fantastisch, weil er sich beliebig erweitern und kombinieren lässt. Jedes noch im Kühlschrank vorhandene Gemüse und leckere Gartenkräuter machen aus einem so einfachen Rezept etwas ganz Besonderes. Aufgrund meiner hessischen Wurzeln greife ich hierfür gerne zu Frankfurter Grüne-Sauce-Kräutern, alle anderen Lieblingskräuter sind natürlich genauso verwendbar.

ZUBEREITUNG *ca. 15 Minuten* ♥ **BACKEN** *ca. 6 Minuten*

1. Für die Omelettes die Eier in einer Schüssel gründlich verquirlen. Die gehackten Kräuter sowie etwas Salz und Pfeffer unterrühren.

2. Eine Pfanne erhitzen und 1 Esslöffel Butter darin schmelzen lassen. Ist die Pfanne heiß genug, die Hälfte der Eier-Kräuter-Mischung hineingießen und gut verteilen. Dann stocken lassen. Lässt sich das Omelette an den Seiten von der Pfanne lösen, schnell auf einen großen Teller gleiten lassen und vorsichtig mit der ungebackenen Seite nach unten zurück in die Pfanne geben. Kurz weiterbacken, bis das Omelette gar ist.

3. Mit der zweiten Hälfte der Eiermischung genauso verfahren.

4. Währenddessen Quark und Milch mit Salz und Pfeffer verrühren. Etwas Schnittlauch untermengen und die Creme auf den fertigen Omelettes verteilen. Den restlichen Schnittlauch sowie die Radieschen darüberstreuen, nach Belieben mit Salz und Pfeffer abschmecken.

FÜR 2 GROSSE OMELETTES

FÜR DIE OMELETTES:

8 Eier (Größe M)

3 EL gemischte Kräuter (z. B. Frankfurter Grüne-Sauce-Kräuter, gibt es fertig zusammengestellt auf vielen Märkten und in gut sortierten Gemüseabteilungen), fein gehackt

Salz

Pfeffer

2 EL Butter

FÜR DEN SCHNITTLAUCH-QUARK:

250 g Speisequark (20% Fett)

1 EL Milch

Salz

Pfeffer

1 EL Schnittlauch, fein gehackt

5 Radieschen, geputzt und fein gehobelt

Croissants MIT GEKOCHTEN EIERN UND OFENSPARGEL

Auch Croissants freuen sich über Abwechslung, wenn sie ab und an neben Butter und Marmelade auch mal herzhaft belegt werden. Genau wie ich meine sehr süßen oder sehr deftig ausgeprägten Frühstücksphasen habe. Mal esse ich wochenlang selbst gemachte Erdnussbutter und Schokoladenaufstrich, mal kommt nur Brie auf mein Baguette. Gekochtes Ei und grüner Spargel sind eine wirklich gelungene Alternative zum Standardfrühstücksbelag und schmecken besonders gut mit ganz viel Remoulade.

ZUBEREITUNG *ca. 10 Minuten* ♥ **KOCHEN** *ca. 9 Minuten* ♥ **BACKEN** *10–12 Minuten*

FÜR 4 CROISSANTS

4 Eier (Größe M)

Ca. 16 Stangen grüner Spargel

Olivenöl

Fleur de Sel

Pfeffer

4 frische Croissants

AUSSERDEM:

Ca. 8 TL Remoulade oder Dijonsenf

1. Den Ofen auf 200 °C Ober- und Unterhitze vorheizen. Ein Backblech mit Alufolie auslegen.

2. Die Eier in einen Topf mit kaltem Wasser setzen, dann zum Kochen bringen und in ca. 9 Minuten garen. Kurz abschrecken, abkühlen lassen und pellen. Dann mithilfe eines Eierschneiders oder scharfen Messers in dünne Scheiben schneiden.

3. Spargel putzen, von den holzigen Enden befreien und auf das Backblech legen. Großzügig mit Olivenöl beträufeln, mit Fleur de Sel und Pfeffer würzen und (je nach Spargeldicke) in 8–10 Minuten im heißen Ofen garen.

4. Die Croissants aufschneiden und die unteren Hälften mit je 2 Teelöffeln Remoulade oder Dijonsenf bestreichen. Jeweils 4 Stangen Spargel daraufgeben, diese mit Eierscheiben garnieren und die oberen Croissanthälften daraufsetzen.

Süßkartoffel-Frittata

MIT ERBSEN UND HÜTTENKÄSE

Mein Rezept für diese italienische Form des Omelettes entstand zufällig – und nur aufgrund der Tatsache, noch eine einsame Süßkartoffel im Vorrat entdeckt zu haben, die weder für ein familiensättigendes Püree noch für eine Suppe gereicht hätte, aber unbedingt gegessen werden wollte. Zusammen mit Erbsen und Hüttenkäse wird diese Frittata nicht nur zur Augenweide, sondern auch zum herzhaften Frühstücksglück.

ZUBEREITUNG *ca. 20 Minuten* ♥ **KOCHEN** *ca. 12 Minuten* ♥ **BACKEN** *18–20 Minuten (insgesamt)*

FÜR 1 FRITTATA

300 g Süßkartoffel

1 Handvoll Erbsen (TK)

8 Eier (Größe L)

2 EL Milch

Salz

Pfeffer

50 g Hüttenkäse

AUSSERDEM:

Pflanzenöl zum Bepinseln

1 Handvoll Kresse zum Bestreuen

Kräuterquark zum Servieren nach Belieben

1. Den Ofen auf 200 °C Ober- und Unterhitze vorheizen.

2. Die Süßkartoffel schälen und in nicht zu kleine Würfel schneiden. Wasser in einem Topf aufkochen und die Süßkartoffelwürfel ca. 12 Minuten kochen. Für die letzten 3 Minuten die Erbsen zufügen. Das Gemüse abgießen und abtropfen lassen.

3. Eier und Milch in einer Schüssel verquirlen, mit Salz und Pfeffer würzen. Süßkartoffelwürfel und Erbsen unterheben und alles in eine leicht geölte ofenfeste Pfanne (Ø ca. 25 cm) geben.

4. Die Mischung bei mittlerer Hitze ohne Umrühren 2–3 Minuten stocken lassen. Man sieht an den Rändern, dass die Eimasse fester wird. Die Pfanne dann in den heißen Ofen geben und die Frittata ca. 12 Minuten backen. Mit Hüttenkäse belegen und erneut für 3 Minuten in den Ofen schieben.

5. Die Frittata mit Kresse bestreuen und nach Belieben mit Kräuterquark servieren.

TIPP: STATT DER SÜSSKARTOFFELN KANN MAN AUCH MÖHREN VERWENDEN. Und wer mag, fügt noch rote Zwiebelringe oder gewürfelten Speck hinzu.

Frühstückstarte MIT SPINAT, SPECK UND EIERN

Blätterteig am Morgen eignet sich nicht nur für süße Marmeladentaschen oder Zimtschnecken. Der buttrige Teiguntergrund macht sich auch gut als herzhafter Tarteboden, der bei uns gern mit Eiern, Spinat, Speck und Tomaten belegt wird. Meine Familie nennt dieses Rezept auch „Frühstückspizza".

ZUBEREITUNG *ca. 40 Minuten* ♥ **BACKEN** *22–25 Minuten (insgesamt)*

1. Die Zwiebelwürfel in einer Pfanne mit dem Olivenöl glasig dünsten. Spinat zugeben und ca. 2 Minuten mitdünsten, bis er zusammenfällt. Aus der Pfanne nehmen, kurz abtropfen lassen und grob durchhacken.

2. Crème fraîche in einer Schüssel mit Parmesan mischen, mit Salz und Pfeffer würzen.

3. Speckwürfel in einer beschichteten Pfanne knusprig braten.

4. Den Backofen auf 220 °C Ober- und Unterhitze vorheizen. Ein Backblech mit Backpapier auslegen.

5. Blätterteig ausrollen und auf das Backblech legen. Mit einem scharfen Messer rund um das Teigrechteck herum einen feinen Rand von ca. 1 cm Breite einritzen, dabei den Teig nicht durchschneiden. Die Mitte des Teiges mehrmals mit einer Gabel einstechen.

6. Den Blätterteig mit Parmesancreme bestreichen, den Rand aussparen. Spinat-Zwiebel-Mischung, Tomaten und Speckwürfel darauf verteilen und die Tarte ca. 15 Minuten im heißen Ofen backen.

7. Die Eier nacheinander aufschlagen und in je 1 Glas füllen (aufpassen, dass das Eigelb ganz bleibt). Die Tarte aus dem Ofen nehmen und die Eier vorsichtig daraufgleiten lassen (es hilft hier übrigens, die Eier mit einem kleinen Löffel im Zaum zu halten). Die Tarte in weiteren 7–10 Minuten fertig backen.

FÜR 3 PORTIONEN

½ Zwiebel, geschält und fein gewürfelt

2 EL Olivenöl

400 g frischer Spinat, geputzt

200 g Crème fraîche

3 EL Parmesan, gerieben

Salz

Pfeffer

2 EL Speckwürfel

1 Rolle Blätterteig (aus dem Kühlregal, nicht TK)

5 Cherrytomaten, halbiert

3 Eier (Größe M)

TIPP: WER MAG, GARNIERT DIE TARTE MIT HÜBSCHEN ESSBAREN BLÜTEN VOM WOCHENMARKT.

Herz-Spiegelei
IN TOAST

Wie praktisch, wenn sich das Spiegelei direkt im Brot befindet und dazu noch so hübsch aussieht! Dem kreativen Ausleben sind bei der Kreation der Ei-Formen keine Grenzen gesetzt.

ZUBEREITUNG ca. 10 Minuten ♥ BRATEN ca. 5 Minuten

FÜR 4 TOASTS

4 Scheiben Toastbrot

Etwas Butter

4 Wachteleier
(oder kleine Hühnereier)

Salz

Pfeffer

AUSSERDEM:

1 Handvoll Schnittlauchröllchen

1. Aus den Toastbroten Herzen, Sterne, Kreise, Buchstaben, Zahlen für Geburtstagskinder oder Ähnliches ausstechen. Dann die Brote bis zum gewünschten Bräunungsgrad im Toaster zubereiten.

2. Je eine Seite der Toasts zart mit Butter bestreichen. Eine beschichtete Pfanne auf dem Herd erhitzen. Die Brote mit der gebutterten Seite nach unten in die Pfanne geben und sofort je 1 Wachtelei in die ausgestochene Mitte rutschen lassen. Die Eier am besten zuerst vorsichtig in kleine Gläschen aufschlagen und dann in die Toastbrote gleiten lassen.

3. Sobald die Spiegeleier fertig gebraten sind, die Toasts aus der Pfanne nehmen, salzen, pfeffern und mit Schnittlauch bestreut servieren.

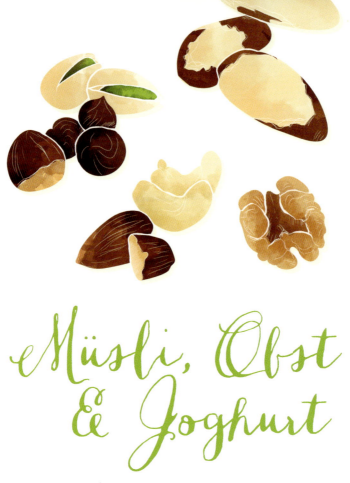

Müsli, Obst & Joghurt

Granola, frische Früchte der Saison, Joghurt oder gebackene Beeren mit Haferflockencrisp sind für mich Morgen-Soulfood und Energie pur. Und sie sind so gut miteinander kombinierbar. Gerade im Sommer füllt sich unser Frühstückstisch mit buntem Obst und selbst gemachtem Joghurt, der uns viel besser schmeckt als der aus dem Supermarktregal. Und das Beste: Es lässt sich alles ganz einfach nachmachen!

Zitrusfrucht brûlée
69

Möhren – Bircher
70

Schokoladenmüsli
MIT KOKOSNUSS UND HONIG

73

Chaifrüchte
MIT HAFERFLOCKENCRISP

74

Selbst gemachter Joghurt
77

Müsliriegel
MIT CRANBERRYS UND SCHOKOTROPFEN

79

Obstsalat
MIT HONIG-LIMETTEN-DRESSING

81

Zitrusfrucht brûlée

Wie herrlich die Zuckerschicht auf den säuerlichen Früchten knackt, wenn man mit der Gabel hineinsticht! Hier folgt ein wirklich einfaches Rezept, um aus den bunten Zitrusfrüchten ein süßes Frühstücksfest zu machen.

ZUBEREITUNG ca. 5 Minuten ♥ **KARAMELLISIEREN** bzw. **BACKEN** 2–3 Minuten

1. Die Früchte gut waschen und trocken tupfen, damit keinerlei Wachsreste oder Ähnliches an der Schale haften bleiben. Unbedingt auch die Ursprungsaufkleber entfernen.

2. Wer keinen Bunsenbrenner besitzt, heizt den Ofengrill auf höchste Stufe vor.

3. Früchte halbieren, eventuell etwas von den Unterseiten abschneiden, damit sie stabil stehen können. Die Schnittflächen mit Zucker bestreuen.

4. Die Früchte (für die Zubereitung unter dem Grill) auf ein mit Backpapier belegtes Blech setzen und für 2–3 Minuten (oder bis zum gewünschten Bräunungsgrad) in der obersten Einschubleiste des Ofens karamellisieren lassen. Am besten ist, man schaut währenddessen stetig in den Ofen, denn das Karamell kann in Sekundenschnelle verbrennen. Alternativ die Früchte mit dem Bunsenbrenner aus ca. 20 cm Entfernung nicht zu dunkel karamellisieren. Nach Belieben eine weitere Schicht Zucker obenauf geben und den Vorgang wiederholen.

FÜR 6 PORTIONEN

6 Bio-Zitrusfrüchte, halbiert
(z. B. Grapefruits, Zitronen, Orangen oder Blutorangen)

6–12 EL brauner Zucker
(je nach Größe der Früchte)

AUSSERDEM:

Küchenbunsenbrenner
(alternativ kann auch der Backofengrill verwendet werden)

TIPP: STATT ZUCKER KANN MAN AUCH HONIG AUF DIE SCHNITTFLÄCHEN GEBEN oder den braunen Zucker mit Zimt mischen.

MÖHREN *Bircher*

Wann immer ich in der Schweiz bin, freue ich mich am ersten Morgen sehr auf ein original Bircher-Müesli-Frühstück. Egal ob pur oder mit Beeren verfeinert, es wirkt auf mich wie ein innen angewendetes Tannenfichtenbad: erholsam und genüsslich. Zu Hause bereite ich dieses Frühstücksglück gerne am Vorabend vor, beispielsweise in dieser Variante mit Möhren und Walnüssen.

ZUBEREITUNG *ca. 20 Minuten* ♥ **QUELLEN** *ca. 8 Stunden*

FÜR 1 PORTION

125 ml Milch

150 g griechischer Joghurt

½ TL Zimt

1 Msp. Ingwerpulver

3 EL Möhrenpüree
(frisch püriert oder aus der Babynahrungsabteilung im Supermarkt)

1 EL Honig

70 g zarte oder kernige Haferflocken

2 EL Walnusskerne, gehackt
(alternativ gehackte Mandeln)

1 TL Chia-Samen nach Belieben

AUSSERDEM:

1–2 TL Ahornsirup oder Honig zum Süßen

½ kleine Möhre, geschält und gerieben

½ Handvoll Pistazien, geschält und gehackt

1. Milch, Joghurt, Zimt, Ingwerpulver, Möhrenpüree und Honig in einer Schüssel vermischen. Dann über die Haferflocken geben und alles gut vermengen.

2. Walnüsse und Chia-Samen nach Belieben untermischen.

3. Das Müesli mit Frischhaltefolie abdecken und über Nacht im Kühlschrank quellen lassen.

4. Am nächsten Morgen mit Ahornsirup oder Honig abschmecken und mit geriebener Möhre und Pistazien garnieren.

Schokoladenmüsli
MIT KOKOSNUSS UND HONIG

Dass Müsli alles andere als fad ist, zeigt meine Lieblingsvariante mit Kakao, Kokosnuss und Honig: Gekonnt versteckt es die morgendliche Schokoladenration und schmeckt dabei gar nicht so süß wie die meisten gekauften Müslis.

ZUBEREITUNG ca. 15 Minuten ♥ **BACKEN** 30–35 Minuten

1. Den Ofen auf 140 °C Ober- und Unterhitze vorheizen. Ein Backblech mit Backpapier auslegen.
2. Alle Zutaten bis auf den Honig in eine große Schüssel füllen und mit einem Kochlöffel vermengen. Dann den Honig zugeben und alles erneut gut durchmischen.
3. Die Haferflockenmischung gleichmäßig auf dem Backblech verteilen und 30–35 Minuten im Ofen backen.
4. Das Müsli anschließend auskühlen lassen und in das Schraubglas füllen.

FÜR CA. 400 G

200 g kernige Haferflocken

80 g Kokosflocken

2 gehäufte EL ungesüßtes Kakaopulver

1 Prise Salz

Ausgekratztes Mark von 1 Vanilleschote

125 ml Honig

AUSSERDEM:

1 großes Schraubglas

TIPP: MIT MILCH ODER JOGHURT UND JE NACH SAISON MIT FRISCHEN BEEREN SERVIEREN.

Chaifrüchte
MIT HAFERFLOCKENCRISP

Wie wäre es mit heißen Birnen und gemischten Beerenfrüchten aus dem Ofen mit Chai-Geschmack, getoppt von knusprigen Haferflockenstreuseln? Man kann für dieses Rezept natürlich auch jeden anderen Lieblingstee verwenden. Und wer es noch intensiver mag, nimmt einfach zwei Teebeutel.

ZUBEREITUNG *ca. 15 Minuten* ♥ **ZIEHEN** *6 Minuten* ♥ **BACKEN** *ca. 30 Minuten*

FÜR 4 PORTIONEN

FÜR DIE CHAIFRÜCHTE:

125 g Blaubeeren

125 g Himbeeren

125 g Erdbeeren, entkelcht und geviertelt

1 kleine Birne, geschält, entkernt und gewürfelt (alternativ 1 kleiner Apfel)

1 Teebeutel Chai (alternativ Pfefferminze, Earl Grey, Kamille etc.)

½ TL Zimt

2 EL Zucker

1 EL Speisestärke

FÜR DEN HAFERFLOCKENCRISP:

80 g zarte Haferflocken

50 g Mehl

50 g Zucker

1 Prise Zimt

1 Prise Salz

80 g zimmerwarme Butter in Flocken

1. Den Ofen auf 190 °C Ober- und Unterhitze vorheizen, eine Auflaufform (Ø ca. 26 cm) bereitstellen.

2. Für die Chaifrüchte die Beeren verlesen, waschen, trocken tupfen und mit den Birnenwürfeln in die Auflaufform geben.

3. 3 Esslöffel Wasser aufkochen und in ein kleines Glas füllen. Den Chai-Teebeutel hineingeben und 6 Minuten ziehen lassen. Den Teebeutel anschließend entsorgen und die Flüssigkeit mit den Früchten mischen. Zimt, Zucker und Stärke ebenfalls zugeben und alles gut vermengen.

4. Für den Crisp Haferflocken, Mehl, Zucker, Zimt und Salz in einer Schüssel mischen. Die Butter mit den Händen einarbeiten, bis sich ein streuseliger Teig ergibt.

5. Die Haferflockenstreusel über den Früchten verteilen und die Form für ca. 30 Minuten in den Ofen geben. Sollten die Streusel zu stark bräunen, die Form mit Alufolie abdecken.

TIPP: DAZU SELBST GEMACHTEN JOGHURT (s. Rezept auf S. 77) SERVIEREN.

SELBST GEMACHTER *Joghurt*

Naturjoghurt geht hier weg wie warme Semmeln. Daher begann ich im letzten Jahr, unseren Bedarf durch eigene Joghurtkreationen zu decken. Im Winter mischen wir ihn mit Zimt oder Spekulatiusbröseln, im Frühjahr mit Rhabarberkompott, im Sommer mit Beeren aus dem Garten und im Herbst mit Apfelmus.

ZUBEREITUNG ca. 10 Minuten ♥ *RUHEN ca. 8 Stunden* ♥ *KÜHLEN mind. 2–3 Stunden*

1. Die Milch in einen Topf geben und langsam bei mittlerer Temperatur auf 82–85 °C erhitzen. Dabei immer mal wieder umrühren, damit sich die Milch nicht am Topfboden festsetzt. Ein Thermometer ist hierbei ein unabdingbarer Helfer, denn die Milch darf nicht kochen und muss kurz vorher vom Herd genommen werden.

2. Die Milch leicht abkühlen lassen (auf ca. 42 °C), dann den Joghurt zugeben und gut untermischen. Die Mixtur in die sterilisierten Gläser füllen und diese schließen.

3. Die Gläser für ca. 8 Stunden komplett eingehüllt in dicke Handtücher, Schals, Geschirrtücher oder Decken (manche verwenden sogar Heiz- oder Daunendecken) an einen warmen Ort stellen. Wer es nicht so warm hat und auf Nummer sicher gehen möchte, kann auch den Backofen auf 80 °C vorheizen, dann ausschalten. Die Joghurtgläser wenige Minuten später hineingeben und bei leicht geöffneter Ofentür 8 Stunden dort verharren lassen.

4. Den Joghurt anschließend ein paar Stunden kalt stellen, bevor er verzehrt wird.

FÜR CA. 1 KG

1 l Vollmilch

5 EL griechischer Joghurt oder Vollmilchjoghurt mit aktiven Joghurtkulturen

AUSSERDEM:

Küchenthermometer (ganz wichtig!)

Sterilisierte Gläser mit Schraubverschluss

TIPP: FÜR VANILLEJOGHURT ZWEI SCHOTEN DER LÄNGE NACH AUFSCHLITZEN UND IN DER MILCH ERWÄRMEN. Bevor die Joghurtkulturen dazukommen, die Vanilleschoten wieder entfernen.

Müsliriegel MIT CRANBERRYS UND SCHOKOTROPFEN

Diese Müsliriegel kann man sehr gut auf Vorrat backen, denn sie bleiben mehrere Tage saftig. Gut verpackt lassen sie sich außerdem bequem zur Arbeit, in die Schule, in den Kindergarten, zum nervösen Vorstellungsgespräch, zum Sport oder zu einem Picknick mitnehmen.

ZUBEREITUNG *ca. 20 Minuten* ❤ **BACKEN** *ca. 40 Minuten*

1. Den Ofen auf 160 °C Ober- und Unterhitze vorheizen. Eine Auflaufform (20 x 30 cm) mit Backpapier auslegen.

2. Haferflocken, Kokosraspel, Mehl, Cranberrys, Schokotropfen und Zucker in einer Schüssel mischen.

3. Die Butter in einem Topf bei geringer Hitze langsam schmelzen. Den Honig zugeben, gut mit der Butter vermengen und über die Haferflocken-Mixtur geben.

4. Alles sehr sorgfältig, am besten mit den Händen mischen, sodass jede Haferflocke von der Honig-Butter-Mischung umhüllt ist. Wirkt die Masse trotz guten Durchmischens noch etwas trocken, weitere 1–2 Esslöffel Honig zugeben und gut untermengen.

5. Die Müsliriegel-Masse in der Auflaufform verteilen und fest am Boden andrücken, damit die Riegel auch nach dem Backen gut zusammenhalten. Am besten lässt sich die Masse mit der Rückseite eines Esslöffels festdrücken.

6. Die Auflaufform für ca. 40 Minuten in den heißen Ofen geben. Die Masse anschließend sehr gut auskühlen lassen, dann in Riegel schneiden.

7. Kuvertüre über einem heißen Wasserbad schmelzen und die Müsliriegel nach Belieben verzieren.

FÜR CA. 12 MÜSLIRIEGEL (JE NACH SCHNITTGRÖSSE)

300 g Haferflocken

50 g Kokosraspel

50 g Mehl

1 Handvoll getrocknete Cranberrys (alternativ Aprikosen oder andere Trockenfrüchte)

4 EL backstabile Schokotropfen

70 g Zucker

150 g Butter

160 g Honig, plus ggf. 1–2 EL extra

AUSSERDEM:

50 g Kuvertüre (weiße, Zartbitter- oder Vollmilchkuvertüre)

Obstsalat

MIT HONIG-LIMETTEN-DRESSING

Ein bisschen Exotik am Morgen macht müde Beine und kleine verschlafene Augen wieder munter. Honig und Limettensaft als Dressing runden die Fruchtkomposition so fein ab, dass man nur schwer widerstehen kann.

ZUBEREITUNG *ca. 15 Minuten*

1. Kiwis schälen und in mundgerechte Stücke schneiden.
2. Die Mandarinen ebenfalls schälen und die einzelnen Filets voneinander trennen.
3. Die Ananas von Schale und Strunk befreien und das Fruchtfleisch in Würfel schneiden.
4. Die Melone schälen, entkernen und ebenfalls würfeln.
5. Alle Fruchtstücke in einer Schüssel mischen. Limettensaft und Honig verrühren und über das Obst träufeln. Gut vermengen, ein paar Minuten ziehen lassen und den Obstsalat sofort genießen.

FÜR 4 PORTIONEN

3 Kiwis

2 Mandarinen

½ Ananas

1 Cantaloupe-Melone

2 EL frisch gepresster Limettensaft

3 EL Honig

TIPP: DAS DRESSING KANN AUCH MIT 1 EL CHIA- ODER MOHNSAMEN ANGEREICHERT WERDEN und statt des Honigs kann auch Ahornsirup Verwendung finden.

Süße Morgenbäckerei

Zu einem ausgiebigen Wochenendfrühstück gehören bei uns auch frisch gebackene, noch warme Leckereien aus dem Ofen. Ob Mandelhörnchen mit Cornflakeskruste, Nussschnecken oder Möhren-Scones – zu Kaffee, Milch oder heißer Schokolade zaubern sie schon am frühen Morgen ein seliges Lächeln auf die Lippen.

Apfel - Nuss - Schnecken
MIT ZIMT
84

Himbeer - Bananen - Muffins
MIT HONIGGLASUR
86

Cornflakes - Marzipanhörnchen
88

Möhren - Scones
91

Marmorwaffeln
92

Süße Brezeln
MIT ZUCKERZIMT
95

Apfel-Nuss-Schnecken
MIT ZIMT

Bullerbü-Feeling am Morgen vertreibt Kummer und Sorgen … Und da man ja einem anderen Sprichwort zufolge einen Apfel pro Tag verspeisen soll, um sich den Gang zum Arzt zu sparen, habe ich hier kurzerhand beides kombiniert: Nussschnecken mit Apfel-Zimt-Füllung.

ZUBEREITUNG *ca. 1 Stunde* ♥ **GEHEN** *2⅓ Stunden* ♥ **BACKEN** *ca. 30 Minuten*

FÜR 12 SCHNECKEN

120 ml Vollmilch

1 Pck. Trockenhefe

50 g Zucker, plus 7 EL extra

8 EL Butter, geschmolzen

1 Eigelb

350 g Mehl, plus ggf. etwas extra

1 große Prise Salz

3 große Äpfel

1 Spritzer Zitronensaft

2 TL Zimt

2 EL Walnusskerne, gehackt

AUSSERDEM:

Pflanzenöl zum Bepinseln

Mehl für die Arbeitsfläche

Butter für die Form

Salzkaramellsauce nach Belieben (s. Rezept auf S. 101)

1. 120 ml Wasser und Milch in einem Topf nur leicht erwärmen. Vom Herd ziehen, Hefe sowie 1 Prise Zucker zugeben und ohne umzurühren 5 Minuten stehen lassen. 4 Esslöffel Butter und das Eigelb unterrühren.

2. Mehl, Zucker und Salz in einer Schüssel mischen. In der Mitte eine Mulde formen und die Hefemischung hineingießen. Den Teig ca. 5 Minuten kneten, bis er sich vom Rand löst. Sollte er zu klebrig sein, etwas mehr Mehl zufügen.

3. Den Teig in eine leicht geölte Schüssel geben und die Oberfläche ebenfalls mit etwas Öl bepinseln. Abgedeckt an einem warmen Ort ca. 80 Minuten gehen lassen.

4. Die Äpfel schälen, entkernen und klein würfeln. Mit Zitronensaft mischen, gut abdecken und beiseitestellen.

5. Den Teig auf der bemehlten Arbeitsfläche zu einem Rechteck ausrollen und mit der restlichen Butter bepinseln. Gleichmäßig mit 7 Esslöffeln Zucker und dem Zimt bestreuen und mit Äpfeln und Walnüssen belegen. Dann ganz eng von der längeren Seite her aufrollen, das Ende festdrücken.

6. Die Teigrolle in 12 Stücke teilen und diese in eine gebutterte Auflaufform (ca. 20 x 30 cm) legen. Dabei etwas Platz zwischen den Röllchen lassen. Die Nussschnecken erneut ca. 1 Stunde gehen lassen. Den Ofen auf 175 °C Ober- und Unterhitze vorheizen.

7. Die Schnecken in ca. 30 Minuten im heißen Ofen goldbraun backen. Mit der Karamellsauce übergießen.

Himbeer-Bananen-Muffins
MIT HONIGGLASUR

Honig und Obst – wenn das mal keine wundervolle Ausrede ist, Muffins schon zum Frühstück zu genießen. Der Teig ist ganz dicht, und wenn ich mich hier kurz outen darf: Ich dippe die Muffins in Milch oder Kakao. Zur Nachahmung empfohlen.

ZUBEREITUNG *ca. 15 Minuten* ♥ **BACKEN** *20–25 Minuten*

FÜR 12 MUFFINS

3 mittelgroße, sehr reife Bananen

75 g Zucker

2 EL Honig (alternativ Ahornsirup)

1 Ei (Größe M), verquirlt

120 ml Sonnenblumenöl

200 g Mehl

1½ TL Backpulver

1 Prise Salz

36 gefrorene (oder in der Saison frische) Himbeeren

FÜR DIE HONIGGLASUR:

100 g Puderzucker

1 EL Honig

1–2 EL Milch (je nach gewünschter Konsistenz)

1. Den Backofen auf 180 °C Ober- und Unterhitze vorheizen. Ein Muffinblech mit Papierförmchen auskleiden.

2. Bananen schälen und mit einer Gabel zu Mus zerdrücken.

3. Zucker, Honig, Ei, Öl und Bananenmus in einer Schüssel verrühren.

4. Mehl, Backpulver und Salz mischen, dann zur Bananenmischung sieben und nur so lange einrühren, bis ein homogener, cremiger Teig entsteht.

5. Den Teig in die vorbereiteten Muffinmulden füllen, jeweils 3 Himbeeren in den Teig drücken und die Muffins 20–25 Minuten im heißen Ofen backen. Anschließend abkühlen lassen.

6. Für die Glasur Puderzucker in eine Schüssel sieben und mit Honig und Milch verrühren. Die Muffins nach Herzenslust damit bestreichen.

Cornflakes - Marzipanhörnchen

Der Samstagmorgen-beim-Bäcker-Klassiker: kleine süße Teilchen und jeder sucht sich eines aus. Nussecken, mit Marmelade gefüllte Hanseaten, Quarkbrötchen oder Schokoladencroissants wandern dann regelmäßig in Tüten. Aber der Evergreen im Hause Horstmann wird immer das Mandelhörnchen sein. Hier ein Rezept für das wirklich sehr schnell und einfach zuzubereitende Marzipangebäck mit frühstückstauglicher Cornflakes-Kruste.

ZUBEREITUNG *ca. 15 Minuten* ♥ **BACKEN** *ca. 15 Minuten*

FÜR 8 HÖRNCHEN

200 g Marzipan

1 Ei (Größe M), getrennt

100 g Puderzucker, gesiebt

2 EL Mehl

Ca. 5 EL Cornflakes

50 g Vollmilch- oder Zartbitter-kuvertüre

AUSSERDEM:

Mehl für die Arbeitsfläche

1. Den Ofen auf 170 °C Ober- und Unterhitze vorheizen. Ein Backblech mit Backpapier auslegen.

2. Marzipan würfeln oder mit einer groben Reibe reiben. Mit Eiweiß, Puderzucker und Mehl zu einem glatten Teig verarbeiten.

3. Den Teig achteln und jedes Stück auf der leicht bemehlten Arbeitsfläche zu einer ca. 7 cm langen Rolle formen. Diese mit etwas Abstand auf das Backblech legen und zu Hörnchen biegen.

4. Das Eigelb verquirlen und die Hörnchen damit einstreichen. Cornflakes mit den Händen grob zerbröseln und darüberstreuen.

5. Die Marzipanhörnchen ca. 15 Minuten im heißen Ofen backen, dann auskühlen lassen.

6. Die Kuvertüre schmelzen und die Hörnchenenden hineintauchen. Abtropfen und fest werden lassen.

MÖHREN Scones

Osterhasen würden Scones lieben. Besonders solche, in denen sich Möhrchen tummeln und die durch Walnüsse einen schönen Biss bekommen. Ganz süße Frühstücksliebhaber können das Gebäck noch mit einem Zuckerguss aus Orangensaft und Puderzucker versehen.

ZUBEREITUNG ca. 15 Minuten ♥ **KOCHEN** 15 Minuten ♥ **BACKEN** ca. 20 Minuten

1. Die Möhren ca. 15 Minuten kochen. Anschließend abgießen, pürieren und leicht abkühlen lassen.

2. Den Ofen auf 220 °C Ober- und Unterhitze vorheizen. Ein Backblech mit Backpapier auslegen.

3. Möhren, Sahne und Ei mischen, dann beiseitestellen.

4. Mehl, Zucker, Backpulver, Salz und Zimt in einer Schüssel vermengen. Die Butter zugeben und mit den Knethaken des Handrührgeräts oder der Küchenmaschine untermixen, bis eine feine, pulverige Masse entsteht und die Butterstücke nur noch erbsengroß sind.

5. Die Möhren-Ei-Mischung ebenfalls zufügen und alles zu einem homogenen Teig verkneten. Die Walnüsse zum Schluss untermengen.

6. Den Teig auf das Backblech geben und ca. 3 cm dick zu einem Kreis ausrollen. In Achtel schneiden, mit Sahne bepinseln und mit braunem Zucker bestreuen.

7. Die Scones ca. 20 Minuten im heißen Ofen backen. Sollten sie zu stark bräunen, einfach etwas Alufolie darüberlegen und so lange weiterbacken, bis das Gebäck innen gar ist.

FÜR 8 SCONES

2 Möhren, geschält und in große Stücke geschnitten

3 EL Sahne

1 Ei (Größe L)

300 g Mehl

60 g Zucker

1 EL Backpulver

1 Prise Salz

1 TL Zimt

85 g kalte Butter, gewürfelt

1 Handvoll Walnusskerne, grob gehackt

AUSSERDEM:

1 EL Sahne zum Bepinseln

2 TL brauner Zucker zum Bestreuen

TIPP: DIESE LECKEREN BACKWAREN KANN MAN AUCH GUT EINFRIEREN. Einfach nach dem Schneiden auf einen Teller legen, in einen luftdichten Beutel verpacken und einfrieren. Dann die Scones am Morgen – ohne sie vorher aufzutauen – ca. 25 Minuten bei 220 °C backen.

Marmorwaffeln

Von meinem Sohn liebevoll Kuhflecken-Waffeln genannt, ist das meine Variante, mir die Marmorkuchenfreuden auf den Frühstückstisch zu holen. Denn Waffeln sind weder ein reines Gebäck für die kalte Jahreszeit noch lediglich den Nachmittagen bei Kaffee und heißer Schokolade vorbehalten. Waffeln für alle und Waffeln für immer, ist meine Devise.

ZUBEREITUNG *ca. 15 Minuten* ♥ **BACKEN** *2–4 Minuten (je nach Waffeleisen)*

FÜR 4 GROSSE BELGISCHE ODER 8 NORMAL GROSSE WAFFELN

2 Eier (Größe M)

300 g Mehl

400 ml Milch

125 ml Pflanzenöl

1 Pck. Backpulver

1 Prise Salz

1 Prise Zimt

1 EL Zucker, plus 1 TL extra

2 TL Kakaopulver

AUSSERDEM:

Waffeleisen

Puderzucker zum Bestäuben

1. Das Waffeleisen nach Herstellerangaben vorbereiten und vorheizen.

2. Eier in einer Schüssel schaumig schlagen. Mehl, Milch, Öl, Backpulver, Salz, Zimt und Zucker zugeben und alles verrühren. Kurz quellen lassen.

3. Den Teig halbieren. Die eine Hälfte mit Kakao und 1 Teelöffel Zucker mischen.

4. Mit zwei Löffeln abwechselnd helle und dunkle Teigkleckse rasch auf das Eisen geben, den Deckel schließen und die Waffeln bis zum gewünschten Knusprigkeitsgrad ausbacken.

5. Nach Belieben mit Puderzucker bestäuben und noch warm genießen.

6. Den Teig kann man schon am Vorabend zubereiten und gut verschlossen im Kühlschrank lagern. Dann vor dem Ausbacken einmal kurz durchrühren und wie oben beschrieben weiterverarbeiten.

TIPP: WER MAG, ERSETZT 100 ML MILCH DURCH (NICHT FETTREDUZIERTE) KOKOSMILCH. Die Waffeln dann mit Sahne und gerösteten Kokosspänen oder exotischen Früchten toppen.

Süße Brezeln
MIT ZUCKERZIMT

Ich wäre nicht Jeanny, wenn nicht auch am Morgen mal Zucker und Zimt auf meinem Tisch landen würden. Der Brezelteig ist sehr weich und die leckeren Teilchen sind im Nu verputzt.

ZUBEREITUNG *ca. 30 Minuten* 💜 **BACKEN** *ca. 15 Minuten*

1. Den Ofen auf 220 °C Ober- und Unterhitze vorheizen. Ein Backblech mit Backpapier auslegen.

2. Wasser und Hefe in einer Schüssel mischen und einige Minuten stehen lassen. Salz und Mehl in einer anderen Schüssel vermengen.

3. Den Zucker mit der Hefemischung verrühren. Dabei nach und nach das Mehl zugeben. Den Teig dann ca. 5 Minuten verkneten, bis er schön elastisch ist. Sollte er noch zu sehr kleben, einfach mehr Mehl zufügen und unterkneten.

4. Den Teig in 5 Stücke teilen. Jedes der Teigstücke zunächst zu einer Kugel, dann mithilfe der Handflächen zu ca. 40 cm langen Strängen rollen. Diese dann brezelförmig auf das Backblech legen.

5. Die Brezeln mit der Sahne bepinseln und ca. 15 Minuten im heißen Ofen backen.

6. In der Zwischenzeit Zucker und Zimt mischen. Die Brezeln aus dem Ofen holen, rasch mit der Butter bepinseln und im Zimtzucker wälzen.

FÜR 5 BREZELN

175 ml warmes Wasser

1 TL Trockenhefe

1 Prise Salz

300 g Mehl, plus ggf. etwas extra

2 TL Zucker

2 EL Sahne

AUSSERDEM:

3 EL Zucker

1½ TL Zimt

1 EL Butter, geschmolzen

Smoothies & Wachmacher

Wer viel isst, muss auch viel trinken, oder wie war das noch gleich? Neben den Klassikern des morgendlichen Getränkerepertoires wie Kaffee und Tee gesellen sich hier auch echte Powerdrinks wie Säfte, Smoothies und Karamellkakao hinzu. Prost!

Erdbeermilch
MIT VANILLE

98

Heiße Schokolade
MIT SALZKARAMELL

101

Wassermelonen-Joghurt-Smoothie

103

Vietnamesischer Eiskaffee

104

Cheesecake Shake
AUS HIMBEEREN UND BANANE

106

Möhren-Orangen-Ananas-Saft
MIT INGWER

108

Erdbeermilch
MIT VANILLE

Auch wenn ich die Erdbeermilch-Päckchen aus der Schulküche als kleine Jeanny sehr liebte, heute schmeckt mir selbst gemachte Milch aus eingeköchelten Vanilleerdbeeren um so viel besser als alles, was man im Supermarkt an flavorisierten Milchpackungen kaufen kann. Wie schön, dass sie so schnell und einfach zuzubereiten ist!

ZUBEREITUNG *ca. 15 Minuten* ♥ **KÖCHELN** *ca. 10 Minuten*

FÜR 4 GLÄSER

1 Vanilleschote

325 g reife Erdbeeren, entkelcht und gewürfelt

50 g Zucker

AUSSERDEM:

800 ml Milch

1. Die Vanilleschote längs aufschlitzen und das Mark auskratzen.

2. Vanillemark, die ausgekratzte Schote, Erdbeeren, Zucker und 120 ml Wasser in einen Topf geben und auf dem Herd zum Kochen bringen. Die Temperatur reduzieren und die Erdbeeren ca. 10 Minuten leicht köcheln lassen, dabei ab und an umrühren.

3. Die Vanilleschote entfernen und die Beerenmischung mithilfe eines Stabmixers fein pürieren.

4. Aus dem abgekühlten Fruchtsirup die Erdbeermilch herstellen: Dafür in jedes Glas ca. 200 ml Milch und je nach Gusto 1–2 Esslöffel Erdbeer-Vanille-Sirup einrühren. Übrig gebliebenen Sirup im Kühlschrank aufbewahren und für die nächste Erdbeermilch wiederverwenden.

Heiße Schokolade
MIT SALZKARAMELL

Diese heiße Schokolade schmeckt schon pur sehr lecker, aber dank des salzigen Karamells erhält sie noch eine ganz besondere Geschmacksnote.

ZUBEREITUNG *ca. 30 Minuten*

1. Für das Karamell 3 Esslöffel Wasser, Zucker und Sirup in einem Topf bei schwacher Hitze unter Rühren erwärmen, bis sich der Zucker aufgelöst hat.

2. Die Temperatur auf mittlere Hitze erhöhen und die Zuckermasse ganz ohne umzurühren (wichtig!) 8–10 Minuten köcheln lassen, bis sie eine schöne goldene Farbe hat.

3. Sofort vom Herd ziehen und die Sahne einrühren. Keine Bange, wenn es stark blubbert. Dann Butter und Salz zugeben und alles gut vermischen. Die Karamellsauce im Kühlschrank leicht abkühlen lassen.

4. Für die Schokolade 100 ml Milch mit Kakaopulver und Zucker mischen.

5. Die restliche Milch in einen Topf füllen, kurz aufkochen und dann vom Herd ziehen. Die Kakaomilch einrühren und erneut zum Kochen bringen, von der Herdplatte nehmen und beide Kuvertüresorten in der heißen Milch schmelzen.

6. Die Schokolade auf 4 Becher verteilen und nach Gusto mit Karamellsauce mischen.

FÜR 4 BECHER

FÜR DAS SALZKARAMELL:

75 g Zucker

1 EL Zuckerrübensirup

75 ml Sahne

2 EL Butter

1 Prise Fleur de Sel

FÜR DIE SCHOKOLADE:

600 ml Milch

2 EL hochwertiges Kakaopulver

2 TL Zucker

50 g Zartbitterkuvertüre, fein gehackt

50 g Vollmilchkuvertüre, fein gehackt

WASSERMELONEN-JOGHURT *Smoothie*

Wenn Wassermelonen, gefrorene Bananen und griechischer Joghurt im Mixer um die Wette tanzen, dürfen sich die Liebsten am Frühstückstisch auf ein erfrischendes Sommergetränk freuen.

ZUBEREITUNG *ca. 15 Minuten*

1. Die Wassermelone von Schale und Kernen befreien, würfeln und in einem Standmixer pürieren. Dann durch ein Sieb streichen und den Saft erneut in den Standmixer geben.

2. Die Banane zufügen und gut durchmixen.

3. Dann den griechischen Joghurt und nach Belieben die Haferkleie zugeben, alles gut mischen. Den Smoothie in die Gläser füllen und sofort servieren.

FÜR 4 KLEINE GLÄSER

¼ reife Wassermelone

1 gefrorene Banane, in Scheiben (alternativ 1 frische, geschälte Banane und 2 Eiswürfel)

3 gehäufte Esslöffel griechischer Joghurt

1 EL Haferkleie nach Belieben

VIETNAMESISCHER *Eiskaffee*

Kalter Kaffee ist ja ein Ausdruck, der weitgehend Rückenschauer hervorruft. Wenn er jedoch an einem warmen Sommermorgen mit Eiswürfeln und süßer Kondensmilch serviert wird, schmelzen auch standhafte Liebhaber von heißem Kaffee dahin. Es gibt für diese Art des Kaffees spezielle vietnamesische Kaffeefilter („Phins"), man kann aber auch starkes Röst-kaffeepulver und einen herkömmlichen Filter verwenden. Und jede andere Kaffee-Zubereitungsvariante, die man sonst zu Hause nutzt, ist ebenso möglich.

ZUBEREITUNG *ca. 10 Minuten*

FÜR 1 GROSSES GLAS

250 ml starker Kaffee

1–2 EL gezuckerte Kondensmilch (bspw. Milchmädchen)

1 Handvoll Eiswürfel (am besten aus Kaffee statt aus Wasser gefroren), nach Belieben crushed

1. Den Kaffee nach gewünschter Brühmethode zubereiten und in ein Glas gießen.

2. Die gezuckerte Kondensmilch zugeben und gut mit einem Löffel einrühren.

3. Die Eiswürfel ins Glas füllen und den erfrischenden Kaffee sofort genießen.

Cheesecake Shake

AUS HIMBEEREN UND BANANE

Nein, dieser Cheesecake Shake fällt nicht unter die Kategorie Naschen, behaupte ich jetzt einfach mal. Schließlich ist das doch ein Fruchtgetränk mit ganz viel Milchbestandteil, Eiweiß und Vitaminen. Also Augen zu und durch, und ja nicht anmerken lassen, wie verdammt gut, frisch, fruchtig und cremig das schmeckt. Es geht schließlich um die Gesundheit!

ZUBEREITUNG *ca. 15 Minuten*

FÜR CA. 4 GLÄSER

200 g zimmerwarmer Frischkäse (Doppelrahmstufe)

375 ml fettarme Milch

60 g Zucker (alternativ Honig oder Ahornsirup)

200 g TK-Himbeeren (oder frische, dann aber 5 Eiswürfel zufügen)

½ Banane, geschält und in Scheiben

6 Butterkekse

1. Frischkäse, Milch und Zucker in einen Standmixer geben und fein pürieren.

2. Himbeeren (und eventuell Eiswürfel), Bananenscheiben und 4 Butterkekse zugeben. Weitermixen, bis man einen fluffigen Shake erhält.

3. Den Shake in Gläser füllen und mit den restlichen Butterkeksen in Bröselkonsistenz toppen.

TIPP: STATT BUTTERKEKSEN KANN MAN AUCH AMARETTINI ODER ZWIEBACK VERWENDEN.

Möhren-Orangen-Ananas-Saft MIT INGWER

Wir besitzen keinen Entsafter, daher haben wir früher Säfte immer beim Apfelbauern oder im Supermarkt gekauft. Aber für diesen leckeren, vitaminreichen Morgen-Energie-Booster aus Möhren, Orangen, Ananas und Ingwer hantiere ich gerne sogar in der Früh mit einem feinen Sieb.

ZUBEREITUNG *ca. 15 Minuten*

FÜR 1 GROSSES GLAS

4 mittelgroße Möhren

3–4 Orangen (es werden ca. 250 ml Saft benötigt)

1 daumengroßes Stück Ingwer

150 g frische Ananasstücke

1 Handvoll Eiswürfel

1. Möhren schälen und in grobe Würfel schneiden.

2. Orangen halbieren und entsaften.

3. Ingwer schälen und grob hacken.

4. Alle Zutaten bis auf die Eiswürfel in einen leistungsstarken Standmixer geben und sehr gut durchpürieren.

5. Die Möhrenmasse durch ein sehr feines Sieb streichen, den aufgefangenen Saft in ein Glas gießen, mit Eiswürfeln auffüllen und sofort genießen.

Register

A

Ahornsirup   22, 26, 70, 86, 106
Ananas   81, 108
Apfel   26, 84
Apfel-Nuss-Schnecken mit
   Zimt   84
Apfelringe im Buttermilch-Pfann-
   kuchenteig   26
Avocado   55

B

Bagel   8
Balsamicoessig   49
Banane   86, 103, 106
Birne   74
Blaubeeren   74
Bread & Butter Pudding mit
   Mandeln   28
Brezeln   95
Brot   10, 19, 43, 49
Bunte Honigvielfalt   44
Butterkekse   106
Buttermilch   10, 26, 31

C

Cantaloupe-Melone   81
Chaifrüchte mit Haferflocken-
   crisp   74
Chai-Tee   74
Cheesecake Shake aus Himbeeren
   und Banane   106
Chia-Samen   70, 81
Cornflakes-Marzipanhörnchen   88
Cranberrys   79
Crème fraîche   40, 63
Croissant   58
Croissants mit gekochten Eiern
   und Ofenspargel   58

D

Dijonsenf   58
Dill   40

E

Einfaches Buttermilchbrot   10
Erbsen   60
Erdbeeren   25, 43, 50, 74, 98
Erdbeer-Kiwi-Marmelade mit
   Vanille   51
Erdbeermilch mit Vanille   98
Erdbeer-Ricotta-Sandwich mit
   Feldsalat   43
Erdnussbutter   47
Erdnussbutter und Schoko-
   erdnusscreme   47
Erdnüsse   47

F

Feldsalat   43
Fleur de Sel   13, 19, 49, 58, 101
Frankfurter-Kräuter-Omelette
   mit Schnittlauch-Quark   57
Frischkäse   49, 106
Frittata   60
Frühstücks-Laugenburger   40
Frühstückstarte mit Spinat, Speck
   und Eiern   63

G

Gebackene Eier in Avocado   55
Grapefruit   69

H

Haferflocken   70, 73, 74, 79
Haferkleie   103
Hähnchenbrustfilet   40
Hefe   8, 13, 14, 17, 19, 84, 95
Heiße Schokolade mit Salz-
   karamell   101
Herz-Spiegelei in Toast   64
Himbeer-Bananen-Muffins mit
   Honigglasur   86
Himbeer-Crêpes   33
Himbeeren   33, 74, 86, 106
Honig   44, 47, 70, 73, 79, 81, 86
Hörnchen   88
Hüttenkäse   60

I

Ingwer   108
Ingwerpulver   70

J

Joghurt   70, 77, 103

K

Kakaopulver   47, 73, 92, 101
Kiwi   51, 81
Knäckebrot   14
Kokosflocken   73
Kokos-Kaiserschmarrn
   mit Pekannüssen   34
Kokosmilch   34
Kokosraspeln   34, 79
Kondensmilch   104
Krautsalat   40
Kresse   49, 60

L

Laugenzopf mit Fleur de Sel   13
Leberkäse   40
Limette   81

M

Mandarinen 81
Mandeln 28
Marmelade 28, 38, 51
Marmorwaffeln 92
Marzipan 88
Melone 81, 103
Minze 40
Mohnsamen 8
Möhren 70, 91, 108
Möhren-Bircher 70
Möhren-Orangen-Ananas-Saft
    mit Ingwer 108
Möhren-Scones 91
Muffins 86
Müsli 70, 73, 79
Müsliriegel mit Cranberrys und
    Schokotropfen 79

N

Nektarinen 38
Nektarinenkonfitüre mit
    Orangenblütenwasser 38
New York Style Bagels 8

O

Obstsalat mit Honig-Limetten-
    Dressing 81
Ofenpfannkuchen mit
    Orangenzucker 22
Orange 22, 69, 108
Orangenblütenwasser 38

P

Parmesan 40, 63
Pancakes 31
Pekannuss 34
Pfannkuchen 22, 25
Pistazien 40, 49, 70
Polenta 25
Polenta-Pfannküchlein
    mit Erdbeerherz 25

Q

Quark 40, 57, 60

R

Radieschen 57
Räucherlachs 40
Remoulade 58
Rettichkresse 49
Ricotta 43
Roggenknäcke 14
Rote-Bete-Creme 49

S

Schnittlauch 57, 64
Schokolade 19, 101
Schokoladenmüsli mit Kokosnuss
    und Honig 73
Schokoladenwirbel-Brot 19
Scones 91
Selbst gemachter Joghurt 77
Senf 40
Spargel 58
Speck 55, 63
Spinat 63
Sprossen 40
Stulle mit Rote-Bete-Creme 49
Süße Brezeln mit Zuckerzimt 95
Süßkartoffel 60
Süßkartoffel-Frittata mit Erbsen
    und Hüttenkäse 60

T

Tarte 63
Toasties 17
Tomate 63

V

Vanille 38, 51, 73, 98
Vanilleschote 38, 44, 51, 73, 98
Vietnamesischer Eiskaffee 104

W

Waffeln 92
Walnuss 70, 84, 91
Wassermelone 103
Wassermelonen-Joghurt-
    Smoothie 103

Z

Ziegenfrischkäse 49
Zimt 22, 25, 26, 31, 44, 70, 74,
    84, 91, 92, 95
Zimtschnecken-Pancakes 31
Zitrone 40, 69, 84
Zitrusfrucht brûlée 69
Zuckerrübensirup 101

VIRGINIA HORSTMANN, die, seit sie denken kann, Jeanny genannt wird, lebt mit ihrer Familie in Bremen. In ihrer Küche fabriziert sie Leckereien so schön wie Geschenke, die sie fotografiert und am liebsten mit anderen teilt. Aus dieser Leidenschaft entstand 2012 ihr Blog Zucker, Zimt und Liebe, auf dem sie mit einzigartiger Handschrift und wundervollen Foodfotos ihre besten Rezepte veröffentlicht. 2014 sind im Hölker Verlag ihre Backbücher *Zucker, Zimt und Liebe – Jeannys süße Rezepte* und *Zucker, Zimt und Sterne – Jeannys Weihnachtsrezepte* erschienen.

© Jessica Preuhs

FÜR HENRI
(besonders der Laugenzopf, mein Herz)
❤

5 4 3 2   19 18 17 16 15
ISBN 978-3-88117-971-3

Text: Virginia Horstmann,
zuckerzimtundliebe.wordpress.com
Fotos: Virginia Horstmann, außer
Umschlag: Oliver Brachat
Illustrationen, Cover und Layout: Julia
Marquardt, grafischekommunikation.de
Satz und Litho: typocepta, Köln
Redaktion: Christin Geweke
© 2015 Hölker Verlag im
Coppenrath Verlag GmbH & Co. KG
Hafenweg 30, 48155 Münster, Germany
Alle Rechte vorbehalten,
auch auszugsweise

www.hoelker-verlag.de